楼宇烈 著

花开莲现

《心经》大智慧

中华书局

图书在版编目(CIP)数据

花开莲现:《心经》大智慧/楼宇烈著. —北京:中华书局,2016.2(2025.6重印)
ISBN 978-7-101-11389-1

Ⅰ.花… Ⅱ.楼… Ⅲ.①佛经②《心经》-研究
Ⅳ.B942.1

中国版本图书馆 CIP 数据核字(2015)第 277008 号

书　　　名	花开莲现:《心经》大智慧
著　　　者	楼宇烈
责任编辑	傅　可
文案编辑	蔡楚芸
责任印制	陈丽娜
出版发行	中华书局
	(北京市丰台区太平桥西里38号　100073)
	http://www.zhbc.com.cn
	E-mail:zhbc@zhbc.com.cn
印　　　刷	北京盛通印刷股份有限公司
版　　　次	2016 年 2 月第 1 版
	2025 年 6 月第 6 次印刷
规　　　格	开本/787×960 毫米　1/32
	印张 4　插页 7　字数 80 千字
印　　　数	29001-31000 册
国际书号	ISBN 978-7-101-11389-1
定　　　价	46.00 元

目 录

III 寂静

开 篇

了 然 于 心

——题《心经》

《心经》（全称《般若波罗蜜多心经》）是大乘佛教般若中观学的重要经典之一。它先后有七种汉译本，其中流传最广的是唐代玄奘的译本，此译本全经仅260个字，连经题也才268个字。可就是这么一部短小的经，却包罗了大乘佛教般若中观理论所涉及的基本名相和根本理论，有人且以为此经"摄全部佛法"。经中所涉及之名相如:"五蕴"、"十二处"、"十八界"、"十二因缘"、"四谛"、"诸法空相"、"究竟涅槃"、"阿耨多罗三藐三菩提"等等。而更重要者是经中阐明的大乘中观的根本理论——"色不异空。空不异色。色即是空。空即是色"。这是说,大乘佛法所言之"空""有"是离"空""有"二边之"空""有";是"不二"之"空""有";是不离"空"之"有",不离"有"之"空";是"非有"之"有","不空"之"空"。诚如唐贤首法藏所言:"但以性空未尝不有,即有以辨于空;幻有未始不空,即空以明于有。有空有故不有,空有空故不空。"(《十二门

论宗致义记》)

大乘佛教唱"真空"、"妙有"之论，何为"真空"，何为"妙有"？近代高僧弘一大师尝释曰："真空者，即有之空，虽不妨假说有人我，但不执著其相。妙有者，即空之有，虽不执著其相，亦不妨假说有人我。"

凡人著于实有，二乘落于偏空，故大乘般若中观破偏示正，述"空""有"不二之理、书"空""有"不离之文。然常人闻大乘佛法一切皆空义，易落于空见，《心经》"色"、"空"不离之文，则告诫众生既不要落于"有"，更不应落于"空"。弘一大师在其《〈般若波罗蜜多心经〉讲记》中，劈头就提醒读此经者说："研习《心经》者，最应注意不可著空见。因常人闻说空义，误以为著空之见。此乃大误，且极危险。经云：宁起有见如须弥山，不起空见如芥子许。因起有见者，著有而修善业，犹报在人天。若著空见者，拨无因果则直趣泥犁。故断不可著空见也。"

《心经》是中国佛教四众弟子每日早晚必诵之经典，其中名相含义可慢慢研究，然经文之根本教义，则必须首先了然于心中。如此，诵《心经》方有意义，方积自觉觉他之功德。

I

般

若

今天我们讲佛教经典里一部非常重要的经——《心经》。这部经是每一个佛教的信众都会背诵的，在寺院里面每天的早晚课也都需要来念诵。这部《心经》的全称是《般若波罗蜜多心经》，它是大乘佛教里般若①类经典中最短的一部，全文只有 260 个字。但是可以说，它概括了大乘佛教

①般若：又曰慧智、慧明，意为智慧。一切智慧中最为第一，无上无比更无胜者。

里一些最基本的理论。相传释迦牟尼说法 49 年，而其中有 22 年是在讲般若的道理，所以整个般若类的经典在大乘佛教里是占了最大分量的。大乘佛教有各种各样的经，其中最短的一部就是《心经》。

刚才我们讲到《心经》的全称是《般若波罗蜜多心经》，"般若"、"波罗蜜多"都是佛教梵文的音读，"般若"就是智慧的意思，但是它跟我们平时所说的智慧在意义上是有差异的。平时我们讲智慧常常就会联想到聪明、知识丰富，这就是智慧。但是佛教里认为智慧的含义并不是知识多和聪明，因为知识多和聪明反而会引起对各种各样的事物的那种分别心、执著心，由此就带来很多的烦恼和痛苦。佛教是强调要超越我们平时所谓的知识、聪明。因此般若它所表达的智慧的意思就是超越知识或者聪明，而且要消除各种各样对事物的分别与执著。鉴于这样一个差异，为了防止对佛教所讲的般若这种智慧的误解，所以就决定对这个词只是注明它的读音而不去翻译它的意思。

"波罗蜜多"①也是一个梵文读音，它的意思是到彼岸去，从此岸渡到彼岸。般若波罗蜜多的意思就是用智慧把我们从此岸渡到彼岸，也就是能够达到一个解脱。那么为什么又叫"心经"呢？"心经"的"心"的意思就是心要的意思或者说核心、要义的意思。这部经传达智慧超度的核心思想。这部经虽然只 260 个字，但它却阐明了现象世界及其本质是什么这样一个道理。它涉及到了早期佛教

————————

① 波罗蜜多：究竟、到彼岸、度无极之义，又译作度。乘此大行能由生死之此岸到涅槃之彼岸。

所提出来的种种的名词概念，在佛教里称为"名相"。各种各样的"名相"，在佛教的发展过程中是有很多变化的。这部《心经》或者说《般若波罗蜜多心经》，主要是讲大乘佛教的一些教理。我们可以把这部经分成十个小节来读它，因为它涉及各个方面的内容。

缘起性空

第一个小节就讲"观自在菩萨，行深般若波罗蜜多时，照见五蕴皆空，度一切苦厄。"

这一开始就讲到了观自在菩萨，观自在菩萨也就是我们中国人最熟悉的观世音菩萨。佛教要解脱生死、超越轮回，可以说根本的目的就是要追求一个自在的人生。我们在很多寺庙都可以看到这样一块匾，叫做"得大自在"，这就是我们学佛所追求的一个目标、一个境界。那么观世音菩萨他当然已经得到了自在，所以也可以称他为"观自在菩萨"。他在"行深般若波罗蜜多时"，这个"行"就是：运用这个（行深般若波罗蜜多）方法。运用一种什么样的方法呢？行深般若波罗蜜多。刚才我们解释了般若波罗蜜多就是用一种智慧来解脱，智慧解脱有深的层次和浅的层次，佛教认为早期的佛教所得到的只不过是一个浅层次的智慧，而到了大乘佛教则获得了一种深层次的般若波罗蜜多，深层次的智慧。观世音菩萨在运用这个深层次的般若波罗蜜多观察问题的时候就照到了五蕴①皆空，于是就用五蕴皆空这样一个道理来救度一切苦难中的众生。这句话简单来说就是这么一个意思。

---

① 五蕴：众多和聚之义。一色蕴；二受蕴；三想蕴；四行蕴；五识蕴。

那么什么叫五蕴皆空呢？五蕴是佛教对一个生命体的一种界定，也就是佛教认为任何一个生命体它都是因缘的聚合才有的。那么作为一个生命体，是哪些因缘聚会呢？就是五蕴聚会。五蕴就是指：色、受、想、行、识。这五个因缘聚会了，就有了一个生命体。这个五蕴里面，旧的翻译也有翻译成五阴，蕴就是集聚的意思。这五个因缘集聚在一起就形成了一个生命体，五蕴里面实际上就包含了物质层面和精神层面的东西。其中"色"就是我们通常讲的形形色色，既有形状也有颜色。拿佛教的话来讲，色的意思是有质碍的，所谓有质碍的就是透不过去、挡住了的。我们看东西如果一下子都透过去了，那么什么形状也看不清，正因为光线透不过去，我们就看出这个形状来了，是方的、是圆的；同样的，颜色也是这样，如果都透过去了，什么颜色也看不见；透不过去才可以看见它是红颜色的、蓝颜色的、黄颜色的、绿颜色的。佛教给色的定义就是质碍，用现在的话来讲就是一种物质。色也可以说是一个生命体的物质的层面，也就是我们有些时候讲的色身、物质体。

那么剩下的受①、想②、行③、识④都是指生命体精神层面的活动。"受"就是接受、领受、接纳，用我们现在的话来讲，相当于一种感觉。比如说，一个人就有眼、耳、鼻、舌、身五官，

---

① 受：领纳所触之境之心所法也。

② 想：心性作用之一，浮事物之相于心上，以为起言语之因。与一切之心相应而起。

③ 行：身、口、意之造作也，又内心之趣于外境如心行。

④ 识：心之异名，了别之意，心对于境而了别，名为识。

眼睛能够看各种各样的形状、各种颜色，耳朵能听各种各样的声音，鼻子能够闻到各种各样的气味，舌头能够尝各种各样的味道，身体能够接触各种各样的东西，感觉它是软的还是硬的，这就是受。

"想"就是把这些感觉综合、集合起来，相当于形成一个比较整体的感受。我们慢慢把这些感觉集合起来了，就会在脑子里面形成这个东西是一个圆形的、是一个红色的、有一点微微的香味的，去摸摸它是硬的，这样一个整体的感觉就叫做想。

"行"就是一种行动，采取一种动作，对外在的东西我们看到的这个东西去对它采取一个动作，就叫做行。

最后这个"识"，就是一种分辨、分别。这个是个什么样的东西，那个是个什么样的东西。这是我，那是你，那是他，作为一种区别、分别。一个生命体通过色身，再通过受、想、行、识①的精神活动这个生命体自我有感觉了，就是我。对一个生命体的形成，佛教就认为是五蕴的集合才有的。五蕴在我们一般人看来，有色身，又有各种各样的感觉，还有感觉所形成的对外在世界的分别，都会感觉到这些东西是非常实在的。对一般人来讲就是实实在在的存在。尤其是我，这个五蕴——色、受、想、行、识就形成了我，我是一个实实在在存在的主体。于是有了我，就跟其他的人分别开来了，有了你、有了他，不光是有个你、有了他，还有我们世界上存在的千姿百态的东西。

我们都会把这些东西，我、你、他以及各种各样的现象世界的现象都

①受、想、行、识：五蕴中之四蕴。此四蕴皆是心法，故称为非色之四蕴。

看作是实实在在的。于是就会对这些东西产生一种爱慕或者讨厌等情感。对于你喜欢的东西，得到了就高兴，得不到就难受；对于你不喜欢的东西或者讨厌的人，天天聚在一起，你心里面就非常郁闷，就使人的心态一直在现实中波动。佛教就讲了，关键的问题就是我们没有认识到（包括我们自己在内）一切事物，其实都是各种因缘的聚会。因缘既然有聚，当然也就有散，有聚就会有散，聚起来我们看出来有那么一个东西、有那么一个人，散了就没有了。

因缘的聚会只是暂时的，不是永恒的，对整个世界的时间而言，可以说是非常短暂的。所以佛教经常喜欢用这样的词，叫做刹那①、一刹那，刹那在我们的汉语里也经常用。

————————

① 刹那：译作一念，时之最少者。

但是其实这个词是从佛教来的，而且也不是汉语里本来就具有的，而是从印度传过来的一个名词，而且还只是一个读音，"刹那"是个音读的词。一个最短的时间概念叫做刹那。现在到了中国的语言中间，大家都感觉不到它是外来的，也经常用到一刹那。佛教里面经常用刹那这个概念来形容一个生命的生死或者一个事物的生灭，在整个宇宙中，生命也好，事物也好，其实都是非常短暂的，都是刹那的生灭，所以它不是永恒的。这在佛教里面就称它为什么呢？叫做"无常"①。常是指恒常、永恒，无常就是不永恒、没有恒常性，每个事物其实都是这样的无常。那么，这样一种因缘聚会而成的我们的生命或者

———————————

① 无常：世间一切之法，生灭迁流，刹那不住，谓之无常。

现象世界的每一个事物，除了无常这个特点之外，还有什么特点呢？就是它没有一个独立的主体、自性，因为它都是由各种因缘条件集合在一起，各种因素集合在一起。这中间什么是一个主体的东西呢？因为它没有一个独立的主体性，所以在佛教里就称之为"无我"①。佛教告诉我们，这个现象世界的任何一个生命或者实物都是由因缘聚会而有的，都是无常的和无我的。这个无常或者无我也就是佛教里讲的"空"②。空这个概念在佛教里并不是一个简单的、不存在的意义，而是这个现象世界的无常性和

①无我：又云非我，常一之体，有主宰之用者为我。于人身执有此，谓之人我；于法执有此，谓之法我；于自己执有此，谓之自我；于他执有此，谓之他我。

②空：因缘所生之法，究竟而无实体曰空。

无我性。佛教说我们要看破红尘，我们要认识到世界的根本就是空，它并不是说我们面对着这些现象世界就闭着眼睛看不到它的存在，而是说我们所看到的这一切现象它的本质是空的。之所以说它是空的，是因为它是无常的和无我的；而之所以说它是无常的和无我的，是因为它都是有种种因缘聚会才有，而不是生来就是如此的。

拿五蕴来讲，五蕴所集合而有的这个生命来讲也是一个空的，也就是它是无常的和无我的。这是早期佛教或者说释迦牟尼在创立佛教时最根本的教义，也就是要破除对自我的那种执著。因为在释迦牟尼看来，人们之所以产生这样的烦恼、那样的烦恼就是在于人们对于我的一种执著，把我看作是实实在在的、永恒存在的实体去看待。于是就把自己跟其他的人对立起来，把自己跟其他的物都对立起来，得到了就高兴，失去了就悲伤，得不到心里面难受。为了要消除人们的烦恼、痛苦，释迦牟尼看到其根本的原因就在于人们放不下自我。早期佛教一个核心的理念就是要破除我执，因此就要让你看到这个我是怎么构成的，这就是五蕴。

让你看到五蕴构成的我是一个空的，是无常、无我的。但是早期的佛教在解释这个空的时候，用因缘聚散这样一个方式来分析空这个问题，这在理论上就存在一些困难或者说有一些不足。为什么这样讲呢？因为早期的佛教强调因缘的聚散就决定了这个事物的有和无或者是空，那么比如刚才讲到的一个生命体是由色、受、想、行、识这五个方面来集合的，我们说这个生命体是没有独立自性的，因此我们说要破除它，不要对五蕴构成的自我那么地执著。

那么问题马上就来了，这个自我是五蕴组成的，那么五蕴里面的每一蕴呢？也就是每一个部分呢，这每一个部分是不是实在的呢？这也是个问题。你说这个五蕴集合而成的自我是不实在的、不真实的，那么五蕴中间每一个部分是不是真实的呢？比如说色是不是真实的，是不是有独立自体的、自性的？早期的佛教马上可以讲了，色①是由四大聚集而有的，佛教常常讲"四大"②——地、水、火、风，所以色是由四大构成的，因此色也没有自体、也没有自性，也没有独

①色：质碍之义，质碍即有形质而互为障碍也。《大乘义章》二曰："质碍名色"
②四大：地、水、火、风也。依《俱舍论》言，此四大有假实二种，其实者，称为四大界或四界；假者，单云四大。

立的主体的，它是由地、水、火、风所集合而有的。那么，人们马上就可以追问了，地、水、火、风每一个东西是不是有一个真实的、独立的自性呢?人们又会讲——"不"，地还会有什么样的构成。

这就像我们现在学物理、化学一样，学物理学的人认为一切事物最后都可以分析到分子;化学又进一步，分子还可以分成原子，原子还可以分成原子核，还可以有基本粒子。这样分下去，不管怎么分，总会分到最后有一个不可分的。在早期佛教里就提出了这样的问题，极微是不是一个实在的、有自性的东西。极微就是最小的了，最小的东西，不可再分，这个东西是不是实在的存在。这就成了早期佛教的理论上的可以说是一道坎儿，你说你承认这个极微，极微也是不真实的，那么极微又是什么东西来组成的呢，再分也分不下去了，所以这就讲不通了。那么如果你说分，分到极微，极微可以说是实在的。那么好了，你前面的所有的假设，可以说也都要坍塌了，要垮了。如果你还是承认有实在的东西，那么你说的一切都会是虚幻不实的这个前提，就不能够涵盖你自己所承认的极微的真实。

　　早期的佛教在讲空的问题上，用因缘聚会、缘聚缘散这个理论来解释佛教所讲的"空"，存在着理论上的一些不足，那么这种理论上的说法在佛教里就称之为"析色空"，析就是解析，就是把它分离。这个色分离了那就是空，这样一来也就成为缘聚在一起，这个存在是实在的。而缘散了以后空也是实在的，也就是空和有成了两个不同的现象。而这两个不同的现象又都会变成实实在在的，也就是实有实空。在佛教发展的过程中，到了大乘佛教，它就要首先从理论上面来解决这个问题，就是怎么样来诠释"缘起性空"这样一个理论。是不是缘聚了就是有，缘散了就是空，还是缘起本身讲的就是"空"这个道理。

大乘佛教一开始就要解决这样一个问题，解决什么叫做"空"，"空"的意思究竟是什么，"空"跟"有"①究竟是一个什么关系，是没有"有"就是"空"，还是"空"和"有"就是一个事物的两个视角、两个方面呢？大乘佛教最初就是讲的般若学，般若刚才我们讲了是智慧学，般若是一种智慧。这个智慧首先就体现在怎么来诠释空、怎么来诠释缘起

---

①有：对于无或空而言。此有实有、假有、妙有等之别。

和空。我们讲的空是就这个因缘所生的法本身来讲的空。因此，它并不背离现象世界的虚幻、幻有的存在。这个空是不能离开幻有的，而幻有呢，这个现象幻有也不能够离开它的本质的空来讲，两者是统一的。

这在佛教里面也叫做空有的中道，不是绝对的空也不是绝对的有。在大乘佛教里面，在般若学里面有一部非常重要的论著——《中论》（传说是龙树菩萨所写）就是来讲这个道理的。其中《中论》里面有一个偈是这么讲的，"因缘所生法"——因缘所产生的现象世界的各种各样的东西，包括我们生命现象在内；"我说即是空"——并不是讲因缘散了我们才讲空，而是说因缘所聚的这个法本身，我们就讲它是空；"亦为是假名"——同时它又是我们现象世界存在的各种各样名称的事物，"假"就是不实的、不真实的，我们现在称它这个称它那个。因缘所生的法一方面是空；一个方面它也是幻有的存在，它具有各种各样的假名。"亦是中道义"——这就是一种中道的思想，不离空来讲它的假有，不离假有来讲它的本质的空。在佛教里也常常称这个为性空幻有。"性"①——我们可以说是它的本质了。"幻有"相当于我们现在所讲的现象。现象和本质不能分离，现象的空如果我们没有看到它本质的有，我们就会把这些现象当作是实实在在的有。于是，就破不了这个名相，破不了对这些事物的执著。所以，一定要看到现象世界的本质是空的。

另外，我们又不能够因为讲它的本质空就无视现象的幻有的存在。

---

①性：体之义，因之义，不改之义。

因为如果是无视这个幻有的存在，光是讲空，那么这个空就变为一个实实在在的空。现象世界的幻有没有了，从现象世界的没有来讲空，那这个空也就变为实实在在的空。性空不能离幻有，幻有不能离性空。这就是大乘佛教在空的问题上、对空的理论诠释上，跟早期佛教对于空的理论诠释的一个差别。早期佛偏于析色空，而大乘佛教所讲的可以称之为即色空，"即"就是不离的意思，"即色空"就是不离色来讲空。

这个色，即是五蕴中的色，照见五蕴皆空，这里就讲到五蕴的问题了。五蕴就是刚才讲到的色、受、想、行、识，是一个生命体的各种因缘、一个主体的各种因缘。各种因缘同样跟生命体一样，构成生命体的五种因缘也是色空不二的。我们现在进入到第二节。

般若波羅蜜多心經

唐　歐陽詢書《般若波羅蜜多心經》（拓本）

铜莲花手观音像（12—13 世纪）

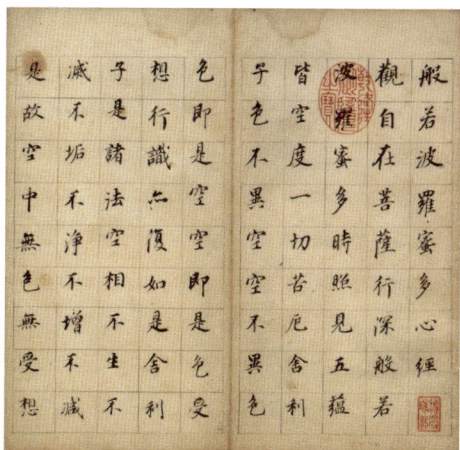

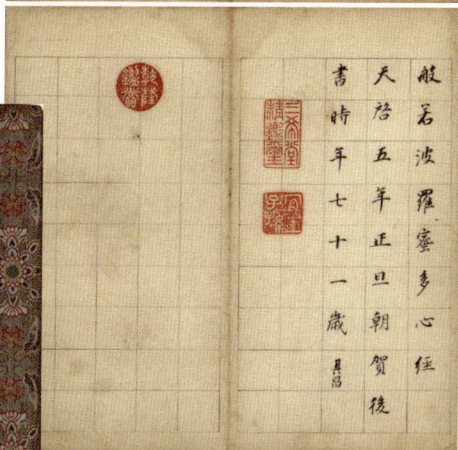

般若波羅蜜多心經

觀自在菩薩行深般若
波羅蜜多時照見五蘊
皆空度一切苦厄舍利
子色不異空空不異色
色即是空空即是色受
想行識亦復如是舍利
子是諸法空相不生不
滅不垢不淨不增不減
是故空中無色無受想

般若波羅蜜多心經
天啓五年正旦朝賀後
書時年七十一歲
其昌

明　董其昌寫本《心經》局部

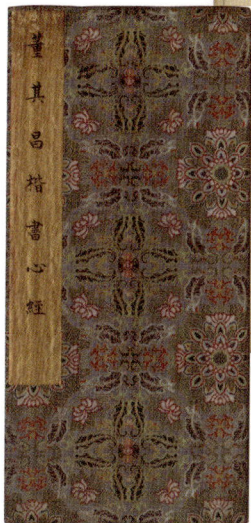

董其昌楷書心經

明　董其昌寫本《心經》（織錦經衣）

明　丁云鹏《释迦牟尼图》（天津博物馆藏）

自净其意

舍利子，色不异空，空不异色，色即是空，空即是色。受、想、行、识，亦复如是。

这段话说什么呢？舍利子是佛的弟子，他的名字叫舍利子，佛告诉他说色不异空，空不异色，色和空不是对立的。这个异可以说是不同，不异即不是不同了。其实这两个概念是有区别的，色是色、空是空。这两个概念是从现象世界事物的两个方面去看，从这个方面来看它是空，从那个方面来看它是色，虽然两者名字上有区别，但是从根本上来讲不应该把它对立起来，所以叫做"色不异空，空不异色"。

"色即是空，空即是色"，"即"就是不离，色不能离开空，空也不能离开色。其实关键是说，空并不是指色没有了不存在了才是空。我想引一段《维摩诘经》里的经文，该经里面有一品叫做《入不二法门品》。《入不二法门品》里强调的都是叫我们看问题不能把它对立起来，其实对立的两方都是相关的，对立的两个概念其实都是相关联的，没有绝对的对立。对立的两个概念是可以沟通的，这就是佛教讲的不二法门。在《入不二法门品》里面谈到色空的问题，有这样一段话："色、色空为二。色即是空，非色灭空，色性自空，如是，受、想、行、识，识空为二。识即是空，非识灭空，识性自空。"把这句话连起来看，讲得很清楚，色空为二，但是色即是空，非色灭了才空，而是色性自空。后面这两句话就是来解释"受、想、行、识，亦复如是"的。我想用《维摩诘经》中《入不二法门品》里这段话来解释《心经》里的"色不异空，空不异色。色即是空，空即是色"，是最恰当的，关键是它点出来了空并不是色灭了才空，而色的本性是空。因此一个是现象的有，一个是本性的空，这两个东西是完全结合在一起的。这就破除了人们对空这个概念理解上的错误，或者是把它绝对化，以为只有离开了色才是空。如果说早期佛教里存在着把色和空分开来看，只有色没有了才是空，色灭了才是空。那么就是说色和空是两个状态，甚至可以说是两重世界。

为什么说早期佛教相对来讲强调

出家出世，因为这个家和这个世界是滚滚红尘，充满了各种各样的污秽、诱惑，那你怎么可能达到一个空呢？不可能。只有跳出三界、跳出红尘你才能达到空，并把在家和出家的对立延伸到了红尘和清净世界的对立。佛教倡导要超脱生死达到涅槃[①]，要摆脱烦恼获得觉悟，这在佛教里面就是烦恼和菩提、生死和涅槃的关系，如果把上述关系看作是两个不同的世界、境界，我们常常会要抛弃一个去求得另一个，也就是我们都希望离开烦恼、生死而去求得涅槃、求得菩提觉悟。因此把两者对立、分别开来。

──────────

[①]涅槃：译为圆寂，灭生死因果之义。《金光明最胜王经》一曰："无生是实，无有虚妄。愚痴之人，漂溺生死。如来体实，无有虚妄，名为涅槃"。

早期色空的理论诠释上产生了这样一个问题，如果是色不异空，空不异色，色即是空①，空即是色②，那么在实践上就告诉我们离开这个色是没有空，也就是说离开了滚滚红尘的、染污的世界你也求不到一个清净的世界。佛教发展到这个时候被称为"大乘佛教"。大乘佛教不片面地强调出世，不是片面地强调我们要逃避、回避现实，而是反过来强调我们要面对现实。我们怎么能离开色去求空呢？怎么能离开这个红尘世界去求清净世界呢？这是不可能的。所以佛教理论上的变化带来了佛教实践上一个

①色即是空：色者，总谓有形之万物。此等万物，为因缘所生者，非本来实有故是空也，是谓之色即是空。
②空即是色：对于色即是空而言，《心经》此就五蕴而说有空不二之理者。

很大的变化。

在中国大乘佛教里有这样一种说法：以出世心做入世事。我们还是要面对现实、世间，但是我们要以一种出世的心去做。所以也就像《维摩诘经》里讲的，只要我们认识到了世界的本质是性空的，我们也就是出了世间了。所以《维摩诘经》里有这样一句话，"世间性空，即出世间"。在《维摩诘经》里面也讲到"世、出世不二"，也就是世间即出世间，出世间即世间，不把这两个世界对立起来，《心经》就体现了这样一种思想。

我们讲的是五蕴中间的色，"色不异空，空不异色，色即是空，空即是色"还只是讲五蕴里面的色蕴，它是这种情况。其实这是一个一贯的理论，贯彻在所有的方面，这个色既是五蕴里面的色，也可以代表所有的色的现象世界。应该说首先要破除五蕴里面的色空的关系问题，而且不仅要破除五蕴里面的色空的关系问题，也要破除受、想、行、识与空的关系问题。最后一句讲"受、想、行、识，亦复如是"，所谓亦复如是也就是跟色空的关系一样。色和空的关系是色不异空，空不异色，色即是空，空即是色。那么受、想、行、识呢？这句话没有展开，一句带过，如果展开那就是说：受不异空，空不异受，受即是空，空即是受；想不异空，空不异想，想即是空，空即是想；行不异空，空不异行，行即是空，空即是行；识不异空，空不异识，识即是空，空即是识。五蕴中，每一蕴跟空都是相即不离，都是不二的，那么由五蕴构成的生命体当然也是这样了。

因为五蕴构成了一个主体，人们就把它执著于我。人们之所以破不了我就是认识不到五蕴的空，认识不到主体的空。如果认识到这一点，那么对破我执也很清楚容易了。我不异无我，无我不异我，我即是无我，无我即是我。对于我的执著也就不会那样地固执了，可以放下了。

从早期佛教来讲，一个关键就是要破除对于我的执著，破除我执、我慢。人总觉得自我是最了不起的，自我跟别人相比较起来总觉得比别人强。佛教就是要破我执、我慢，就是要让你认识到我的这种无常性和无我性，这种无常性和无我性又不是离开了自我、离开了我这个主体去求得。这也就发展为这样一个理论，即我和无我不二。在《维摩诘经》的《入不二法门品》里面也有一节谈到我和无我不二。我、无我不二，到了大乘佛教就发展成佛就在我心中，心净则佛土净。净土佛性都在我的自性之中。这也不是要求我们离开当下的自我去到个什么地方去求成佛，求成菩萨。只要你按照佛菩萨的这种理念、精神去实践你的人生，那么你就是佛，就是菩萨。心净则佛土净，你心如果是干干净净的话，那就是佛，这也就实践了佛教一直强调的每个人要自净其意。

佛法最根本的一个理念，在佛教里也称为一种戒。在佛教里面有一个七佛戒，就是过去现在七佛共同遵守的一个戒叫七佛通戒，也就是我们平常大家最熟悉的几句话，就是"诸恶莫作，众善奉行，自净其意，是诸佛教"。不要去作恶而去行善的关键就是要自净其意。大乘佛教强调：自性本来清净，所有的烦恼都来源于我们到了这个世界上受到了种种染污，如果能够觉悟到这样的染污使我们离开了真我，觉悟了这一点就能够把真我重新恢复起来，那你就是佛。中国近代有一位著名的高僧太虚，他把这种理念很好地表达出来了。他有四句话是这样讲的"仰止唯佛陀（也就是我们景仰的最终目标、最高的榜样就是佛陀），完成在人格（达到这样一个榜样的样子，那就在于你人格的自我完善、完成）。人圆佛即成，是名真现实"。佛教并不是追求虚无缥缈的境界，而是落实到我们怎样做人，成为具有完善人格的人，达到完善人格的人就是佛。

II

执

著

诸法空相

第三小节可以说是对前面五蕴皆空做一个小结，所以它又对舍利子交代了一下，"舍利子，是诸法空相，不生不灭，不垢不净，不增不减"。它的本性是空的，不是实实在在的，所以它就有这样一些特性。因为一切都是相对的，所有的事物有生就一定有灭，垢就是污垢、肮脏，净就是干净，垢和净也只是相对的，增和减也是相对的，正因为有增才会有减，此增彼减。这在佛教里面就是"中道"的思想，不偏于这个也不偏于那个就叫做中道。任何事物都是这样一个过程，一个生命有生、老、病、死，最后是死，中间有一个老的过程，逐渐地老去，还有一个病的过程，病也可以说是一个变异的过程。老是一个存在的过程，病是一个变异的过程，最后就会死去。

一个生命体是如此，那么其他的事物有没有这样一个过程呢？同样也有。对于没有生命体的事物，我们可以用生、住、异、灭来表述这样的过程。开始没有的，现在生出来了、出现了，出现以后它有一个时间段是停留的，也就是存在这样一个过程，相当于生命逐渐老去这样一个过程。然后它有一个变异的过程，最后它就灭了。对于我们看到的世界，佛教也特别强调这个世界是变动不居的，没有一个永恒的事物，都是在变化的过程中。因此，我们不能对任何一个事物有所执著。只有当我们认识到了现象世界的本性是空，我们才会不被生和灭所牵制，才不会导致情绪的变化。生了就高兴，灭了就不高兴；净了就高兴，有污垢就不高兴；增加了就高兴，减少了就不高兴。如果能够认识到：诸法的本性是空的，那么现象世界对我们来讲就是一种不生不灭、不垢不净、不增不减的状况，也就达到了一种无分别的境界。当生灭、垢净、增减没有分别时，我们就保持了心态的完全平等平静。

我们总是要去掉污来求得净，没有看到污垢和清净实际上是分不开的，偏于任何一边都是一种偏执。我们再说得深一点，清净是从哪儿来的？没有污垢哪来的清净，它是对比得来的。《维摩诘经》跟《心经》的思想应该说是一个系统的，是非常一致的，有的时候可以用《维摩诘经》

来说明这个问题。《维摩诘经》里就曾讲到过，佛教最喜欢的一种花是莲花，认为莲花是清净的象征和标志。可是这样一个清净的莲花是从哪儿长出来的？它是从污泥中长出来的。我们常常说莲花是：出污泥而不染。中国宋代的一位著名的思想家周敦颐专门写了一篇文章叫做《爱莲说》来歌颂莲花的这种品德。"出淤泥而不染"这句话就是从《爱莲说》里说出来的。不生不灭、不垢不净、不增不减从另一个角度来讲，也就是要让我们不要把这些概念对立、隔离起来。佛教讲要平等地看待一切东西，众生平等，不仅是众生平等，诸法也是平等。

佛教里还有一部大家耳熟能详的经典叫做《金刚经》，全称也叫《金刚般若波罗蜜经》，跟《心经》应该说也是一个系统的。在《金刚经》里面也有这样的话："是法平等，无有高下"。一切的法都是平等的，这个法不光是现象世界的实物，包括很多的名词概念理论等等在内，都是法。因此像生和灭、垢和净、增和减这些法也应该是平等的，不应该分出高下来的，不能说生就好，灭就不好，增就好，减就不好。

只有我们认识到现象世界的本性是空的，诸法空相，只有我们认识到这一点，才能够消除俗人对一切现象世界的区别。不管是实物也好，名词概念也好，我们都要去分一个高低上下。对现象世界实物的高低上下的区别，名词概念的高低上下的区别，就会让我们陷入无穷的烦恼。从某种程度上说，这些烦恼都是自己找来的。佛教里面有句话叫做自寻烦恼。万法自性，本来清净，是没有烦恼的。可是，由于我们放不下这些分别，看不破这些分别，都要辨个清清楚楚，于是我们的烦恼也由此而生。只有认识到诸法的空相，这才能够消除烦恼。第三节就对五蕴皆空这样一个命题做了个简单的小结。

我们能够认识到五蕴皆空这样一个说法，认同这样的说法，那么就可以消除一切的分别。

无常无我

由五蕴皆空这样的命题延伸开来，讲到佛教里面一些最基本的理论、名词概念，它里面就涉及到佛教里的"十二处"、"十八界"①。

是故，空中无色，无受、想、行、识，无眼、耳、鼻、舌、身、意，无色、声、香、味、触、法，无眼界，乃至无意识界。

"是故，空中无色，无受、想、行、

---

① 十八界：谓六根、六境、六识也。

识"这句话还是讲五蕴。我们认识到诸法的空相之后当然就无色，无受、想、行、识了。不会把色和受、想、行、识看作是实色，实的受、想、行、识，是因为色即是空，空即是色。色和空在名相、名词上还是有分别的，是两个不同的概念。可是，从本质上来讲不能把色和空对立起来。空里面实际上也就没有色。这并不是说现象世界的假有或者假名也没有，而是从他的本性上来讲是无色，无受、想、行、识。

由此推广到"无眼、耳、鼻、舌、身、意，无色、声、香、味、触、法，无眼界，乃至无意识界"这三句话其实说了三个方面的问题。首先讲无眼、耳、鼻、舌、身、意，这是讲人身上的六个感觉器官，佛教中称之为六根：即眼、耳、鼻、舌、身、意。就人身上的器官来讲，有眼睛、有耳朵、有鼻子、有舌头（嘴巴），然后还有我们思考问题的器官，中国传统说法叫做心。意就是意，也是一种思考的器官，我们现在就叫做大脑，过去叫心。人具有的眼、耳、鼻、舌、身、意这六种器官就叫做六根[①]。那么跟六根相对的呢？是六种外在对应的世界，六种外在的现象又或者叫做外境，外（界）呈现出来的景象叫做外境，也叫做六尘，都指的是跟六根相对的外界的东西、外界的景象。

那么跟六根相对的外在景象是什么呢？就是色、声、香、味、触、法。跟眼根相对的外境是色，色我们刚才也讲过就是形状和颜色：形形色色、五颜六色，即跟眼睛相对的外界存在的境界。跟耳朵相对应的就

[①]六根：眼、耳、鼻、舌、身、意之六官也，根为能生之义，眼根对于色境而生眼识，乃至意根对于法境而生意识，故名为根。

是声，跟鼻子相对的是味（气味），所以叫做香，香是代表一种气味。跟舌头相对的是味道，跟身体相对的是接触（身体接触什么样的东西，刚才我们讲的软的、硬的、尖的、钝的）。意根的作用就是去思考一些抽象的名词概念，相对的就是法。在佛教里，法这个概念也是多层次的，有狭义、广义之分。狭义的法包括一切现象。佛教里面经常讲到的万法、诸法就是指一切现象世界，包括物质的现象也包括精神的现象，甚至于各种理论形态的现象都可以称之为法，这是最广义的说法。法也有比较狭义的，最狭义的就是指那种理论形态，也就是思想，我们常讲的思想理论形态层面的法比如说佛法，也可以说是一种法。意相对的即狭义的法，就是我们所思考的像佛法或者儒家的法、道家的法。

佛教认为人跟世界的接触就是通

过人的感觉器官来跟世界接触。

在六根和六境接触的过程中，人的感觉器官有一种功能，即能够去辨别，眼睛能够辨别形状、颜色，耳朵能够辨别声音。这种辨别外在现象世界的形状、颜色和声音的功能就叫做识，也就是我们刚才讲的五蕴里的色、受、想、行、识的识。

识的根本功能就是能够分辨，佛教里叫做了别，就是分别、分辨。六个器官都具有分辨外界现象世界的功能，所以就叫做六识①，眼识、耳识、鼻识、舌识、身识、意识。

在这一节里，讲到了佛教最早提出来的人们对外部世界的认识。通

①六识：眼识、耳识、鼻识、舌识、身识、意识也。言六根如其次第，对于色、声、香、味触法之六境，而生见闻、嗅味、觉知之了别作用。

过人的感觉器官去认识，这些认识中间又怎么具有了分辨的能力，又由这些分辨能力引起了人们的分别心、执著心，然后又怎么给人们带来烦恼。这个时候你如果把这种认识看作是实有的、放不下的，那你就有各种各样的烦恼和痛苦。反过来你如果能够认识到现象世界无非都只是刹那的生灭，都只是无常的、无我的，那你就可以放下，那就可以获得心理上的解脱。

六根和六尘①（就是外境，六种外境）就称之为十二处，再把人的六根所具有的分辨能力——六识加进去，就称为十八界。这些都是佛教里一些分析问题、分析现象世界

①六尘：色、声、香、味、触、法之六境也，此六境有眼等六根人身以坌污净心者。故谓之尘。

和我们主体所用的名词概念。

《心经》告诉我们对这些名字概念实际上也不应该去执著，所以它用一个否定的语气来说：无眼、耳、鼻、舌、身、意，这就讲到我们的六根其实不就是五蕴里面受、想、行的功能或者来源吗？我们的受、想、行、识从哪儿来，就是从六根来的。既然受、想、行都是空，那么六根又怎么能够去知道它是有的呢？同样的"无色、声、香、味、触、法"就是没有一个现象世界中存在实际的颜色、形状、声音、味道等等这样一些东西，因为一切世界因缘所生法，我说即是空，所以没有。同样人的分别能力，这种识是实实在在的吗？这都是一个主体对外界的一种虚妄的分别，所以才讲"无眼界，乃至无意识界"。眼界、耳界、鼻界、舌界、身界、意识界中的"界"在这里指的是识的分别功能。

这一节整体在讲一个人的主体的认识器官、认识功能以及跟外界的现象世界的关系问题。

无明缘行

无无明，亦无无明尽，乃至无老死，亦无老死尽。

这一段又是讲佛教里一个非常重要的理论体系，即十二缘起①。从无明一直到老死，也就是佛教对生命的起源以及生命怎么样在生死之间轮回的理论说明。这在佛教里也是非常重要的，佛教讲到早期学佛法或者解脱，

---

① 十二缘起：一有情流转于过去、现在、未来三世之缘起，分十二段而说明之者。

有两种情况：一种是亲自听到了佛和他的弟子们所说的法而能够发心，能够离欲，能够得到解脱，这在佛教里面称之为声闻乘，就是听到佛和他的弟子们说法然后能够使自己出离各种各样的欲念，达到清净、涅槃的境界，从而获得了解脱。声闻乘达到的果位，达到的最高境界就是阿罗汉，也就是我们今天在寺庙里看到的各种各样的罗汉，有十八罗汉、五百罗汉。这五百罗汉实际上都是佛的弟子，他们根据佛法来获得解脱，因而被称为阿罗汉①。

在当时还有一批人没有能够亲自听佛说法或者听佛的弟子们说法，他

---

①阿罗汉：小乘极悟之位名。一译杀贼；二译应供；三译不生。《智度论三》曰："阿罗名贼，汉名破。一切烦恼破是名阿罗汉。"

们根据佛所讲的一些道理，特别是有关十二缘起的说法，了解了人生为什么有生有死，为什么会轮回。通过十二缘起的理论认识到了这一点，于是就能够了脱生死、超越轮回，他们也达到了解脱的境界。这在早期佛教里就称之为缘觉乘①，也就是通过对十二因缘这个道理的认识、把握而达到觉悟。他所达到的果位就是辟支佛。"辟支"也是个音译、音读，它的意义就是独觉②，就是独自经过对十二因缘的理解而达到觉悟就叫做独觉。

十二缘起指的就是：无明、行、识、名色、六入、触、受、爱、取、有、

①缘觉乘：观十二因缘觉悟真空之理之教法，三乘之一。

②独觉：又曰缘觉，即辟支。常乐寂静，独自修行，修行功成，于无佛之世，自己觉悟而离生死者，谓之独觉。

生、老死。这十二个过程构成了人的生命的形成以及轮回。

由于无明就会有各种各样的颠倒妄想。人怎么会有烦恼呢？是由于人各种各样的行为，是由于人有三种心在指挥它，就是贪、嗔、痴三种心。贪就是各种各样的贪欲、贪念，让人去追求这个，追去那个；嗔是指怨嗔，即一种怨恨心，老是对这个不满，对那个也不满，对比他强的人就嫉妒，对比他差的人就瞧不起，自己做事情成功了就觉得了不起，没有做成功就总是埋怨周围的环境或者别人。有怨嗔的人一天到晚是怨天怨地，怨人怨事，他的心态是不可能平静的，烦恼也不可能断绝，而且永远是这样。

佛教认为要得到解脱必须克服你的贪心、嗔心。还有更根本的就是痴心，痴心就是无明。无明是相对于明来讲，明就是看问题看得很清楚很透彻很全面，就叫做明。无明就是对问题看不清楚、看不透彻，停留在表面现象，看到色和空认为是完全不一样的东西，而看不到色即是空、空即是色，也就看不到现象的本质是什么，只能停留在现象上面，而只看到这些现象的东西就会产生贪、嗔。于是会对现象世界产生种种颠倒的认识，明明是很短暂的东西他看成是永恒的，得到一个宝贝高兴得不得了，而不知道再好的宝贝也会消失。他看问题颠倒着来看，就会产生种种的妄想，就想怎么占为己有，怎么样想办法得到等等。无明就产生颠倒妄想，有了颠倒妄想就会产生贪心、嗔心。当然反过来这个人的贪心、嗔心很重也会让他看问题看不清楚，无明跟贪和嗔是分不开的而且相互影响。

由于无明，便有种种颠倒妄想，于是便会做出各种各样的行为，所以无明就会产生行，无明缘行，行就来了。行就是种种的行为造作。人通过身、口、意三个方面来造业，身就是你的行为、行动，口就是你的言论，意就是你的思想。身、口、意造下的业（三业）。这个业佛教认为就是一个因，所谓因就是你埋下了一个种子，通过你的所作所为你就结成、埋下了一个种子。这个种子到条件成熟时，比如说我们拿一个植物的种子来讲，有了适当的土壤，适当的湿度、温度，这个种子就会生根、发芽、开花、结果。人的身、口、意三业也跟植物结出来的种子一样，你就给自己结了一个种子，这个也就是你的生命的开始。佛教认为任何一个生命并不是由别人来决定的，更不是一个神来决定的，生命不是神造的，所以命运也不是由神来决定的。

那么生命是怎么来的呢？佛讲生

明　铜鎏金莲花手观音像

清　青玉罗汉像

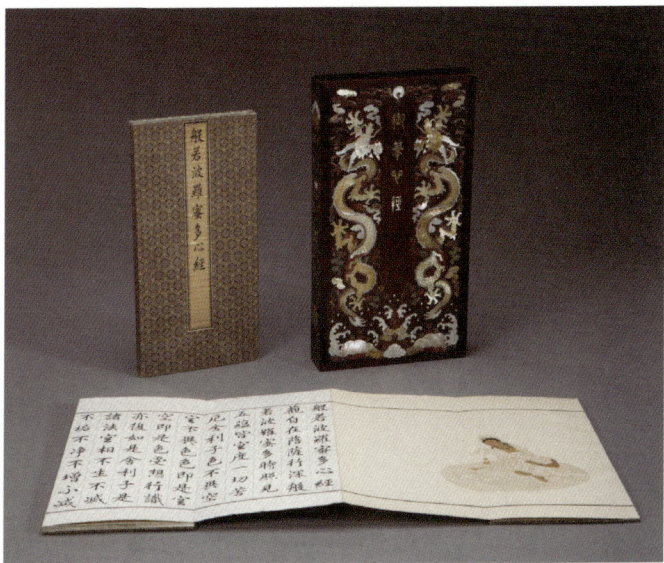

清　乾隆帝御笔《心经》

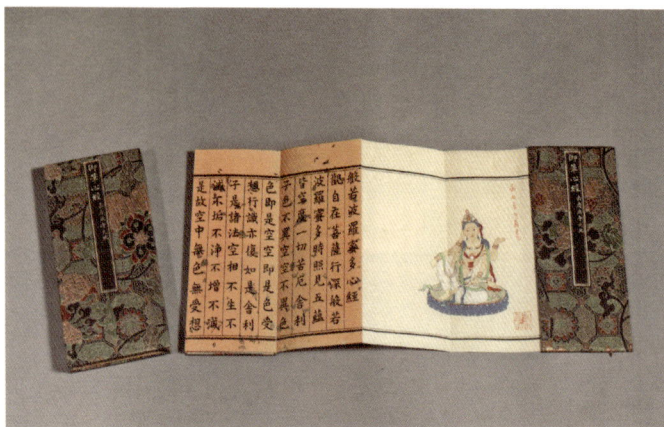

清　嘉庆帝御笔《心经》（嘉庆五年元旦）

清　慈禧太后御笔《心经》（锦面经帙及黄绫面经册）

命就是每个生命自身的业所造的，也就是每个人的生命以及命运如何都跟你自己的身、口、意三业有关，你造了这样的业，就会有这样一种生命状态；你造那样的业，就会有那样的生命状态。说得简单点就是我们通常所讲的"善有善报，恶有恶报"。你造善业就会有善报，有善的这种生命状态；你造恶业就有恶的报，有恶的生命的状态。佛教又把生命状态分成各种不同的类型，比如说人是一种生命状态，天也是一种生命状态，就是我们常常看到的佛教画"飞天"，飞天也是一种自由自在的生命状态。还有畜牲也是一种生命状态，还有饿鬼、地狱等，这就是佛教经常讲的五道轮回或者再加上阿修罗成了六道轮回，生命就在这六道中间轮回。

为什么会在这六道中间轮转呢？就看你自己所造的业，无明就是你造业的根源，由于无明所以你造这样的业、那样的业。

佛教的生命观讲的是自作自受，生命也是由自己的业所结出来的果。只要业不消，生命也就不能完结。即使今世的生命结束了，但是业没有消掉，也会接着下一次的生命而延续。因此佛教不是讲由一个外在的神来决定人的生命以及命运，而强调每一个生命体的生命都是由自己的业所造成的，所产生的一个结果。因此，命运也是由自己的业来决定的。

所谓十二缘起首先就指出由于我们的无明所以就有了许多行动，这就是造成你生命的一个根源。在佛教里，也可以称之为你前世所造下的业，过去所作的因①。这个因就会慢慢地结出果来，比如说，它就会开始有了识、有了名色、有了六入、有了触、有了受，这五个方面就是现在所受到的果。

对这五个方面有各种不同的解释，有一种解释就是指人的酝酿过程，即在母体中逐渐形成以及出生的过程。识就是有了分别了，有了分别就有名色，名色就是一些名词，也就有了生命的开始。在母体里面就有了生命的开始，也就有了六入，六入就是各种各样的器官开始发育。然后出生，出生了这个生命就跟外界有了接触，有了种种的感受、感觉。过去的无明和行这个因结出了现在所受的果。在你现在的生命中间你又有爱、取、有，所谓爱就是爱好什么东西，有一种分别。你喜欢这个，喜欢那个，然后就有所行动了，要取它，还是舍它，所以有了现在的生命活动，而现在的生命活动又给你下一世的生命埋下了种子，你

①因：因明三支作法之一。谓推断未决之宗义之理由也。

又会再去投生，然后最终又会有生、老、病、死的结果。

通过十二因缘，佛教给人们讲述了一个生命的来源、状态，以及你未来是不是还会延续这个生命这样一个过程。如果你能够认识到这样一个过程，认识到这样一个道理，你也就能够不断地消业，消除你以往所造的各种各样的业，或者是不再造新的业。这样的话你才能够真正从生死的轮回中解脱出来。

佛教通过十二因缘讲述了生死轮回的过程，过去的因结出现在的生命这个果；而现在生命的活动又结出了未来的生命的果，所以它是通过两重因果来说明生命的关系。

佛教讲一切都有因果，但是佛教追求的并不是我们在因果中间不断地去轮回，或者通过因果我们不断改变自己的生命状态。行为是可以改变我们的生命状态，改变我们的因果的，但是佛教最终的追求并不是果的改变，最终还是要我们能够超脱生死，超脱轮回，也就是不再在生死中间去轮回了。

任何生命必然有灭，有死亡，而从生到死的过程中间永远是会有烦恼和痛苦的。只有不生才有不灭，只有不死才有不生，也就没有了从生到死这个过程中间种种的造作。没有了种种的造业，我们才能够彻底地摆脱烦恼和痛苦。

十二个因缘说，也就是让我们认识到，不要去造这个业，也就可以不受这样的果。对十二因缘这样一个理论，也不能够把它看实了，看实了你就跳不出来，自己就在这里面"轮回"了。所以《心经》上讲"无无明，亦无无明尽，乃至无老死，亦无老死尽"。十二因缘本身也是一个假设的生命过程，从根本上来讲，我们还是要跳出这样一个因缘的过程。

般若波羅蜜多心經

觀自在菩薩行深般

沐手敬書

識界，無無明，亦無無

明盡，乃至無老死，亦

無老死盡。無苦集滅

道。無智亦無得。以無

所得故，菩提薩埵，依

般若波羅蜜多故，心

無罣礙。無罣礙故，無

有恐怖，遠離顛倒夢

想，究竟涅槃。三世諸

佛，依般若波羅蜜多

故，得阿耨多羅三藐

三菩提。故知般若波

若波羅蜜多時照見
五蘊皆空度一切苦
厄舍利子色不異空
空不異色色即是空
空即是色受想行識
亦復如是舍利子是
諸法空相不生不滅
不垢不淨不增不減
是故空中無色無受
想行識無眼耳鼻舌
身意無色聲香味觸
法無眼界乃至無意識界

羅蜜多是大神咒是
大明咒是無上咒是
無等等咒能除一切
苦真實不虛故說般
若波羅蜜多咒即說
咒曰

揭諦揭諦

波羅揭諦

波羅僧揭諦

菩提婆婆訶

般若波羅蜜多心經

乾隆元年丙辰元旦

跳出苦海

无苦集灭道，无智亦无得。

这里又讲到佛教里非常根本的一个理论体系那就是苦、集、灭、道，又称之为四谛或四圣谛。在佛教看来，这是四个伟大的真理。苦、集、灭、道也是佛陀最初悟到的一个根本的道理。相传佛陀在29岁出家，用了6年的功夫到处求学，非常严格地要求自己，6年的修行几乎连生命都要失去了。这个时期佛陀开始来重新思考，看这样能不能够解脱生死烦恼，最后发现这样是不行的。于是他就到一棵树（这棵树叫做毕钵罗树）下去沉思。据说在毕钵罗树下经过了49天的沉思后，他开始悟到了真正的道理，能够解脱生死、超越轮回的道理，那就是苦、集、灭、道这四个真理。之后这棵树的名字也就被改成了菩提树，菩提就是觉悟的意思，也就是说佛陀是在这棵树下觉悟的，觉悟到的道理就是苦、集、灭、道。

四谛讲的是什么呢？其实跟十二因缘讲的道理基本相同。首先第一个字"苦"，苦就是它觉悟到一切生命都离不开苦，或者说生命本身就是一个苦的过程。当然这个苦的含义是比较广泛的，包括各种各样的烦恼，甚至是小小的不如意都可以说是一个苦，也就是苦让你人生得不到任何的愉悦自在。佛陀意识到的一个最根本的思想，就是生命是苦的。因此他追求的就是怎么样来脱离这个苦，怎么样来跳出这个苦海，因而也可以说苦是佛教的一个核心理念。佛教的生命观和人生观可以用一个字来概括，那就是苦。

佛陀进一步探讨苦是怎样形成的。苦是一个结果，我们都在苦海里。为什么我们会在苦海里面呢，是什么原因造成的呢，这就是第二个字"集"。集就是集合的意思，业的集合，业就是我们的造作，我们做的各种各样的事情，就是刚才讲到的身、口、意三业①。苦是一个结果，苦来源于人们的种种造作，种种的、通过你的身、口、意造下的业，而支配身、口、意所

---

① 业：身、口、意善恶无记之所作也。其善性恶性，必感苦乐之果，故谓之业因。其在过去者，谓为宿业，现在者，谓为现业。

造业的就是三种心：贪、嗔、痴。四谛①里面前两个字就告诉我们，生命是痛苦的，造成痛苦的原因来源于他自己造的业，而之所以造业是由于贪、嗔、痴三心。

苦有八种最根本的苦：生苦、老苦、病苦、死苦、爱别离苦、怨憎会苦、求不得苦、五蕴炽盛苦。

生苦——佛经里描述在母体里生命的形成本身就是一个痛苦的过程。

老苦——身体老了，处处都要依

---

① 四谛：又云四圣谛、四真谛。智者所见之真理也。一苦谛，三界六趣之苦报也，是为迷之果；二集谛，贪、嗔等烦恼及善恶之诸业也，此二者能集起三界六趣之苦报；三灭谛，涅槃也，涅槃灭惑业而离生死之苦，真空寂灭；四道谛，八正道也，此能通于涅槃，故名道，是为悟之因。

靠别人，这是佛陀亲自观察到的一种景象，他看到老人生活各种的不便，人生就是充满了这样的苦。

病苦——有了病就有了痛苦。

死苦——死亡的过程是非常痛苦的。

基本上每个生命至少都有生、老、病、死这四个基本的苦。

爱别离苦——死别是个苦，生离也是苦，尤其是相爱的人，喜欢的事物也是一样。

怨憎会苦——冤家聚头也很痛苦。

求不得苦——想得到的东西得不到也痛苦。

五蕴炽盛苦——我执非常的厉害，以我为本、执我为本，放不下这也是一种痛苦。

一个生命体有上述八苦，可以说是八苦缠绕。而苦的原因呢，就是因为造的身、口、意三业。会造这些业就是因为你有贪、嗔、痴三心，佛教里又称贪、嗔、痴为三毒。你今天之所以会八苦缠绕就是因为你有三毒在作怪。我们可以这样讲，一个生命体是八苦缠绕、三毒攻心。要解决你的八苦一定要从源头上来消灭你的贪、嗔、痴。

佛教的修证就围绕着怎样来消灭贪、嗔、痴这三心。针对贪、嗔、痴，佛教提供了许许多多的方法，而综合起来讲就是戒、定、慧三学①。用戒来对治你这个贪，戒是靠自己来遵守，比如说我们现在讲的五戒——

①三学：学佛人可通学者有三：一戒学，戒者，禁戒也，能防禁身、口、意所作之恶业；二定学，定者，禅定也，能使静思澄心；三慧学，慧者，智慧也，观达真理而断妄惑。

不杀生、不妄语、不偷盗、不淫乱、不饮酒，五戒就是自己来约束自己的。然后用定来对治你这个嗔，定就是禅定、坐禅，坐禅的根本目的就是让你心静，平静下来、安定下来，是一种思维的锻炼方法。

III 寂静

三学里面的第二学就是定学，定也就是我们讲到的禅定，禅定也是一个音读的词，意思就是让我们的思想能够安静下来、专一下来，所以禅也叫做静虑。思想的静虑，让我们把那些怨恨的嗔心平静下来。通过禅定，我们再进一步来思考一些问题，专一观察一些现象，来对治我们的嗔心。

　　第三学就是慧，也就是智慧，它是佛教的智慧、般若的智慧而不是我们通常的智慧。用这种般若的智慧就消除了种种差别去克服我们的痴，也就是克服了我们的无明。因此佛教里面有一句简要的话：勤修戒定慧，熄灭贪嗔痴。用戒、定、慧这三学去消除人的贪、嗔、痴三心，把贪、嗔、痴心消除了，把他的造业的根源斩断了，那么人生的痛苦、烦恼也就可以解脱了。

上述就是释迦牟尼当年在菩提树下悟到的四个道理中间的前面两个，讲到了人生的痛苦、生命的痛苦，和这些痛苦的形成。

后面两个也是一个因果，我们追求灭（灭就是寂灭的意思，就是安静、心无贪念，寂灭也就是一种涅槃的境界。涅槃也是一个音读，它的意思就是寂静），看到了各种各样的外界物欲的东西不起心、不动念。当年的阿罗汉就能够达到这样一种境地，也就是涅槃、寂静的境界，我们追求的目标就是：寂静、涅槃。

怎样才能实现这样的目标呢？要通过修，四谛中最后一个字叫道，道就是指修行的办法。修行的办法总的来讲就是戒、定、慧三学了。在早期佛教里更强调的是八正道，就是八种正确修行的方法。为什么称为正？因为它跟邪是相对的。通过这样的修行，你就可以达到一个涅槃的境界。

四谛是一种法，也是一种名词概念，对此也不能够执著。《心经》中"无苦集灭道，无智亦无得"，是一个否定的说法，也就是不要执著地去分辨各种法，这个也是大乘佛教般若学特别强调的，要破除任何的执著。我们在《金刚经》里可以看到佛说了那么多法，但是最后他强调他什么也没有说，大家什么也没有得，也就是无智亦无得，因为你有所得，你就有所分别、执著。

整体来讲，《心经》的核心思想就是要破除一般人对像五蕴、十二处、十八界、十二因缘、四谛种种佛所说的法的分别、执著。阿罗汉是听了四谛的道理觉悟的，辟支佛是认识了十二因缘觉悟的，好像这里面也有高有低，但实际上这是告诉我们要破除对所有佛法名词概念的分别、执著。

最后讲"无智亦无得"。可以说大乘佛教强调的根本精神就是一切皆空、诸法皆空，要真正地认识到这一点你才能够解脱。你对这个法的执著放不下，你想脱离一个染污的世界，进入一个清静的世界，那么这个清静的世界对于你来讲同样也是一种放不下的东西。你放不下，心里边还是有烦恼，得到了高兴，失去了不高兴等等。彻底地真正地放下一切，不仅仅我们物质的东西能放下，精神的东西也能够放下，甚至佛所说的法也能够放下。到这句话我们已经做了一个段落的小结，对于前面所提到的所有的佛法，我们也都不应该有所分别、执著。

心无挂碍

以无所得故。菩提萨埵，依般若波罗蜜多故，心无挂碍。无挂碍故，无有恐怖，远离颠倒梦想，究竟涅槃。

这段话意思是说，对佛教名词概念、修行的方法、人生的道理，我们实际上都不应该有所执著，所以叫做无智亦无得。"无所得"①意思不是

————————

① 无所得：体无相之真理，即空慧，无分
　别智。

说我们没有得到什么，而是我们对得到的东西不是时刻地把它放在心里面，让它阻碍我们去真正地参透人生。这个"无所得"就是不要有什么东西成为我们解悟人生的障碍。

"菩萨"这个词就是从"菩提萨埵"来的，菩提①是觉悟的意思，萨埵是有情的意思。佛教把这个世界上的事物分成两大类：一类是有情的众生，所谓有情众生就是有生命的、带有各种各样的精神活动的。无论是最低级的感觉，还是高级的情感，这些都可以称之为有情、有生命的；另一类是无情的世间——世间是我们周围的生存环境。

菩提萨埵就是觉悟的有情众生，也就是平常讲的菩萨，也就是他已经

①菩提：译为道，或为觉，道者通义，觉者觉悟之义。

获得了佛法，已经开悟、觉悟了的生命。菩提萨埵按照我们上面讲的般若波罗蜜多，也就是以智慧来解脱的一种修证。因为有这样的修证，所以"心无挂碍"。"无挂碍故，无有恐怖"，心无牵挂也就没有任何的恐惧了。也就可以"远离颠倒梦想"，也就是已经能够清楚地认识到这个世界的本性是什么，不会为所看到的现象世界牵挂、顾虑，也能够看透存在的种种幻想。这就告诉我们应该怎样来看待现实世界。

《金刚经》里面最后有一个偈就告诉我们应该怎样面对现实世界。这个偈是这样讲的：一切有为法，如梦幻泡影，如露亦如电，应作如是观。

一切有为法——就是我们现实世界中的各种各样的因缘聚会而成的现象。

如梦幻泡影——就好像我们在一

个幻觉里面，就好像我们看到的肥皂泡那样，就好像我们看到的一个实物的影子。梦幻泡影都是来指我们所看到的现象是不实在的，我们的现实世界就像梦、幻、泡、影一样其实是不真实的、不是一个一个独立的、实实在在的东西。

如露亦如电——就像早晨的朝露，就像闪电一样，它不是恒常的。

应作如是观——应该这样来看待一切有为法。

这里提到了六个"如"：梦、幻、泡、影、露、电。前面四个"如"说明它没有真实的主体，也就是无我，后面两个"如"说它是一闪而过的、无常的。这就告诉我们一切有为法，也就是我们所看到的、听到的、接触到的这个现实世界都是虚幻不实的。有这样一个认识以后，就不会对我们见到的某个东西产生种种幻想，不会有放不下的情感，什么都可以放下，生不带来死不带去，现象世界都不过是过眼烟云。这样就远离种种的"颠倒梦想"而达到"究竟涅槃"的境界，也就是彻底涅槃的境界。其实达到了这样一个境界，我们也就可以说是得到了无穷的快乐。

你能够看穿一切，不执著、牵挂，怎么会得不到快乐呢？其实这是一个很辩证的问题，你越有牵挂就越没有快乐，越烦恼就越痛苦，你没有牵挂恰恰能够得到最大的快乐。佛教里面有一首禅诗是这样讲的，春有百花秋有月，夏有凉风冬有雪。若无闲事挂心头，便是人间好时节。如果你按照般若波罗蜜智慧的解脱方法来修行的话，就可以心无挂碍。没有任何牵挂，你就可以欣赏人生、大自然的美好。没有挂碍也就没有恐怖，心中有事才会怕半夜鬼敲门。你已经能够远离种种的颠倒妄想达到一种最彻底、最根本的涅槃境界。

法无定法

三世诸佛，依般若波罗蜜多故，
得阿耨多罗三藐三菩提。

三世诸佛①是指过去佛、现在
佛、未来佛。在佛教里最初只有一个
佛那就是释迦牟尼，他是人类中间的
一个先知先觉者，他最早觉悟到了生

————————

① 三世诸佛：三世出现之诸佛。三世佛中，
三世即过去、现在、将来。过去佛是迦
叶诸佛；现在佛为释迦牟尼佛；未来佛
为弥勒诸佛。此即佛经所云三世诸佛。

命是苦的，觉悟到了这个苦是由自己造成的，觉悟到了我们要追求的是一个涅槃境界，觉悟到了我们要通过我们自己的修行，遵循佛法去达到涅槃境界。

佛是一个觉悟的人而且是最早觉悟了的人。他觉悟了以后就要向其他的众生来弘扬佛法，让每个众生都能体会到佛法的精神，然后来自度，也就是自己来解脱自己，最后再来帮助别人解脱。所以佛是人做的，佛和菩萨也没有一个等级上的差异，它只是从不同角度来讲。我们把佛给与了释迦牟尼，其他的我们就称为菩萨。

到了大乘佛教发展起来以后，佛就开始有了一些神圣的意义了，讲到过去的佛、现在的佛、未来的佛。比如说大乘佛教的经典里经常讲到我们有过去的佛，燃灯佛、药师佛等等，现在的佛当然就是释迦牟尼了，还有未来的佛是弥勒佛，这也是一个笼统的说法，就是有三世诸佛。不管是过去、现在、未来，他们同样也是要依照般若波罗蜜多来进行自我修养的修炼。

"阿耨多罗三藐三菩提"也是一个梵语的音读，这句话由很多词组成：阿、耨多罗、三、藐、菩提。阿：无的意思；耨多罗：上的意思；三：平等、正的意思；藐：等的意思；菩提：觉悟的意思。

"阿耨多罗三藐三菩提"合在一起就是无上正等正觉，这也是佛教所追求的一个最高觉悟，佛法通过修般若波罗蜜多要达到的就是最高的觉悟。但是佛教又讲，这个"阿耨多罗三藐三菩提"不是一个固定的方法，并不是对某一个法的称呼，而是每个人都有自己的"阿耨多罗三藐三菩提"。人是有差异的，每个人生活中的烦恼和痛苦也不一样。因此解决不同人生活中的烦恼和痛苦应该用不同的方法，也就是我们平时口中常说的——药无贵贱，能治病的就是好药。佛法也是这样，佛法没有高下，能够让你开悟、让你解脱，就是最好的佛法。佛是用一个声音来给大家说佛法，可是听的人可以根据自己的情况得到不同的体会。《金刚经》里讲到"无一定法可名为阿耨多罗三藐三菩提"，没有一个确定的法就叫做"阿耨多罗三藐三菩提"，能够针对你的问题，解决你的烦恼和痛苦，让你获得解脱，就是你的"阿耨多罗三藐三菩提"。

我们常常讲佛法有八万四千法门，你与哪个法有缘，就用哪个法来度，所以佛度有缘人，有缘便是跟哪个法门有缘。法无定法，应机便是菩提妙法，关键就是"应机"这两个字。应就是适应、对应，机一个是人的根

清　丁观鹏《三世佛》

清 《千手千眼观音像》

刘小敏绘《南海观音》

蜜多故心無罣礙無罣礙
故無有恐怖遠離顛倒夢
想究竟涅槃三世諸佛依
般若波羅蜜多故得阿耨
多羅三藐三菩提故知般
若波羅蜜多是大神咒
是大明咒是無上咒是無
等等咒能除一切苦真實
不虛故說般若波羅蜜多
咒即說咒曰
揭諦揭諦　波羅揭諦
波羅僧揭諦
菩提薩婆訶
己丑冬月小寒日沐手敬書
楼宇烈

楼宇烈书《心经》

般若波羅蜜多心經

唐三藏法師玄奘譯

觀自在菩薩行深般若波
羅蜜多時照見五蘊皆空
度一切苦厄舍利子色不
異空空不異色色即是空
空即是色受想行識亦
復如是舍利子是諸法空
相不生不滅不垢不淨不增
不減是故空中無色無受
想行識無眼耳鼻舌身
意無色聲香味觸法無眼
界乃至無意識界無無明
亦無無明盡乃至無老死
亦無老死盡無苦集滅

刘小敏绘《自在观音》

基，人的根基是不一样的，每个人的情况不一样，他走的路也不一样。因此学法要适合人的根基，不要对那些根基比较浅的讲很高深的话。机的另一个意思就是时机，也就是在什么样的情况、环境下来讲这个法，不同的时机要有变通。比如说古代跟今天就不一样，你还用古代的那种说法，今天的人就不一定能够接受得了。要根据变化了的时代、环境来说法，他才能够接受。佛法不是机械的、教条的，而是非常强调随时间、地点、条件的变化，随不同的对象来说不同的法。法无高下，只要对你的机这就是通向觉悟的妙法。

三世诸佛能够依照般若波罗蜜多去修行的话，他就能够得到一个无上的正等正觉。佛也好，菩萨也好，并不在我们的身外，其实就是我们自己。我们每个人如果能按照佛、菩萨的精神去做事情，去过你的人生，那么你就是活佛、活菩萨。佛教的智慧解脱方法是非常灵活辩证的，佛法是一个契理契机的教义和理论，也就是既要符合佛法的根本精神，同时必须适应这个时代环境。佛教是非常注重面对现实、认识现实，然后我们才可以用适合今天的佛法来教化众生。般若波罗蜜多绝不是停止的、不发展的，而是随着时代不断地在发展。

今天，尤其是我们中国的佛教提倡人间佛教，人间在不断地改变，我们的佛教也应该适合于人间的变动，来变化各种各样的教育方法、弘法方法。但是又不能够离开了佛教的根本教义，它的核心价值我们不能违背。用大乘佛教的话来讲，佛法的根本精神就是两个字：一个悲，慈悲的悲；一个智，智慧的智。大乘佛教是悲智双运，所谓悲智双运就是慈悲和智慧就像一个车的两个轮子，一定要车的两个轮子同时来运行，车才能够平稳地向前进。

悲和智是怎样一种精神呢？慈悲是佛法最核心的价值理念，很多佛经里讲佛以慈悲之水灌溉一切众生。慈是给人以快乐，悲是去除人们的痛苦，慈悲合在一起就是去苦予乐。佛教经典里讲佛法是不为自身求安乐，但愿众生得离苦，这就是一种慈悲的精神，也体现了一种奉献的精神。智慧就是让我们能够超越日常生活中对现象世界的认识，能够看清现象世界的本性，这样就能够远离颠倒妄想，超越知识，无有恐怖，无有挂碍。因此智慧就是自己觉悟的同时也帮助别人觉悟。

大乘佛教的根本精神是不能变的，时代再怎么变迁，教育的方法再怎么改变，但这两种精神不能够变动，这就叫契理。现在有人对这两句话做了一个现代化的诠释：觉悟人生、奉献人生。智慧就是觉悟人生，慈悲就是奉献人生。我们也可以用比较传统的说法来讲，慈悲做人、智慧做事，做到这两点也就体现了佛法的最根本精神。

佛讲究平等，讲究要根据时代的发展来发展，众生都可以依据这个精神来指导自己的人生。从菩萨、三世诸佛这方面来讲，如果按照般若波罗蜜多这样一种觉悟解脱的方法来做，你就可以达到最高的觉悟，能够达到心无挂碍、无有恐怖、远离颠倒妄想，达到究竟涅槃。这就对般若波罗蜜多的核心价值作了归纳，《心经》最后就落在这一点上。那么，般若波罗蜜究竟能够让我们达到怎样的境界呢？我们来看第九节。

除一切苦

故知般若波罗蜜多，是大神咒，是大明咒，是无上咒，是无等等咒，能除一切苦，真实不虚。

这里面提到了般若波罗蜜多这个智慧的解脱是大神咒。咒是佛教里面讲的一种咒语，咒语就是古时对声音、语言的力量的一种崇拜，认为声音、语言里面有力量，这种力量能够给我们以启示、给我们以鼓舞。"故知般若波罗蜜多"这句话就像一句咒语一样给我们无穷的力量，所以称它为"大

神咒"，神就是神妙，这种力量是神
妙不可测的。"大明咒"①，这个"明"②
也就是相对于"无明"③来讲。无明
是看不清事物，看不清现象世界的
本质，明就能够看清了。"大明咒"
是获得明这样一种智慧的咒语。我们
明白了现象世界的本性，就可以远
离颠倒妄想，远离恐怖，远离挂碍。
"是无上咒"，即最圆满的一个咒语，
智慧的咒是最圆满的。大乘佛教里讲
度就是解脱，可以有六个途径，称为

———————

①大明咒：放大光明破众生昏暗之陀罗尼

　也。《法藏疏》曰："鉴照不昧名为明咒。"

　又明为咒之别名。佛于光中说陀罗尼。

　故名咒为明。大明即大咒也。

②明：智慧之别名。

③无明：愚痴，智慧的反面。

六度①。这六个途径是连贯的、相互联系的。六度就是：布施、持戒、忍辱、精进、禅定、智慧。大乘佛教认为我们要脱离苦难、得到智慧就解脱，就应该通过这六个途径。这个智慧也是最根本的，是无上咒。是无等等咒，就是没有能够跟它相匹配的、

----

①六度：度，渡也。生死譬海，自渡生死又渡人，谓之度。又梵语波罗蜜译为度。渡生死海之行法也。一、布施。慈心施物也。二、持戒。持佛戒而慎身、口、之恶也。三、忍辱。忍耐一切之苦痛凌辱而心不动也。四、精进。勇猛励一切之善，伏一切恶也。五、禅定。心止一处而拂去妄念也。六、智慧。分别真理也。此六度为万行之总体。前五为福行，后一种为智行。以福行助成智行，依智行而断惑证理，渡生死海也。

最圆满的。所以般若波罗蜜多这样一种方法，或者说这样一个咒语，也具有这样一些性质：大明、神妙、至高无上、最圆满。根据般若波罗蜜多，我们就可以解除一切困难，能够除去一切的痛苦、烦恼。这种力量、功能是真实不虚的、切切实实的，只要我们按照这样一种方法就可以解除所有的烦恼和痛苦。这是对般若波罗蜜多这样一种修证功夫的评价。

心的力量

故说般若波罗蜜多咒，即说咒
曰：揭谛揭谛，波罗揭谛，波罗僧
揭谛，菩提萨婆诃。

咒也是不翻译的，把印度梵语原
来的读音给它音读过来，就跟般若不
翻译一样。唐代的唐三藏是中国佛教
翻译史上的最主要的一个人物，他就
讲到在佛经里面有一些情况我们只能
把它的音转述过来而不能把它的意翻
译出来。他就讲般若这个意义不要翻
译过来，般若是智慧，但是如果翻译

出来中国人就会以对智慧的习惯理解去理解它，那样可能就完全离开了佛法的根本意思，甚至于违背佛法。因为习惯上理解的智慧是知识丰富、能够分辨是非，而佛教讲的智慧恰恰是要你消除这种分别。般若这种智慧是一种无分别智、平等智，跟我们平时所理解的智慧是不一样的。为了怕引起误解，这个概念最好不要翻译，就把它的音读标注出来就可以了。同样的还有一类咒语，咒语在印度叫做陀罗尼，是一种秘密的语言，也就是对声音、语言的一种崇拜，所以咒语最好也不要翻译。

揭谛的意思就是去吧，渡过去吧；波罗揭谛，波罗是往这个方向的意思，快到那儿去啊。波罗僧揭谛这个"僧"是一个量的概念——总、全体、大家，也就是说大家一起向着对面过去，这就是波罗僧揭谛。菩提萨婆诃，菩提就是觉悟了，萨婆诃就是成就，快快地成就，也就是快快地达到菩提、觉悟。如果我们拿现在汉语的意思来把这个偈翻译出来就是"去啊去啊，大家一起啊，迈向生命的圆满，完成生命的觉悟"，这是一个台湾的佛教信徒对这句话作的一个诠释。也可以是，去啊去啊，到彼岸去，大家一起到彼岸去啊，成就最高的觉悟。如果完全把他翻译出来，那么它这种神秘力量的意义也就体现不出来了。当然咒语里面这种力量，其实主要还是体现在信仰者的内心的是否虔诚的问题。你内心虔诚，咒语可能就会对你产生一种力量；你如果内心不虔诚的话，打个比喻就是小和尚念经有口无心，咒语就不会对你产生一种心理的暗示，不会给你什么力量。所谓的咒语也就是通过一种暗示来启发我们内心的力量。最根本的还是要看你是不是心诚，心诚则灵，如果心不诚的话就是一种口头上的念诵，它不会产生什么力量的。

大部分的咒语我们都不翻译，在我们日常生活中，还有一个非常普及的咒语叫做六字大明咒，也就是观音六字大明咒。"唵嘛呢叭咪吽"这个读音也经常会有一些出入，因为各个地方的发音不同，但只要你是出于内心的虔诚它就会有一种力量的暗示，否则只是口头上的一种形式而已。

禅宗里面讲到一个很有趣的故事中——据说是有个老太太，她就整天在念六字大明咒，但是这个老太太识字不多。她一看"唵嘛呢叭咪吽"最后一个"吽"字是口字旁加一个牛，可是她不知道，她以为那大概也念牛，所以就念成了"唵嘛呢叭咪牛"，这个老太太就这样很虔诚地念。

有一天，一个僧人经过这个地

方，看见整个山谷里面放着光，他想这里面一定有高人，我得去访问访问。访问了半天，最后才发现只有这个老太太整天在那里念"唵嘛呢叭咪牛"。他一听她在念就好心地去告诉她说，老太太这个咒语不是那么念的，这个咒语是念"唵嘛呢叭咪吽"，不念"唵嘛呢叭咪牛"。老太太一听说道："我快念了一辈子都是'唵嘛呢叭咪牛'，原来我念错了，真是罪过罪过，我马上就改正。"于是她从第二天开始就念"唵嘛呢叭咪吽"。

等她念了很多天之后，那个和尚又路过这个地方，一看这个山沟里面没有光了，他赶紧又去找这个老太太。老太太说："我现在已经改正了。"这个和尚马上就说："罪过罪过啊，是我告诉你错了，你原来念的是对的，你还是改回去念吧。"于是老太太又改回去还是念"唵嘛呢叭咪牛"。她又念了几天，这个和尚再过去一看，山谷里又光芒四射了。这个故事说明念这些咒的时候最重要的是你的内心，要看你的诚心、虔诚，诚则灵，如果光是口头的念，那是没有用的。念得再准确，你心中没有那也是没用。

《般若波罗蜜多心经》虽然只有260个字，但却涉及到了佛教，尤其是早期佛教的一些最基本名相概念。通过这个经就是要让我们来破除对名相概念的种种分别、执著，让我们能够真正超越这些名相。拿大乘佛教的话来讲，这里面包含了两层意思：一层要我们能够透过现象看到它的本性，它不是色灭空而是色性空。这就要求我们能够破除现象的表面而去把握现象的本质，即"破相显性"，破除外相来显出空的自性。另一层要我们破除对这些名相的执著、种种的分别，就是要求我们能够超越识的分别而达到智慧，用佛教的话来讲叫做"转识成智"。

破相显性，转识成智是大乘佛教最根本的思想。我们如果始终不能够破相而是执著于名相的话，那么我们永远看不破。我们如果不能够超越知识，我们永远也就会停留在这个分别相上面，也就会分别我你他，会执著于我。执我为本，就会放不下，而佛教就是让我们能够看得破、放得下，最后能够得到自在。《心经》把佛法里一个根本的精神，尤其是大乘佛教的根本精神给我们做了最简要的概括和阐述。

我们现在读的《般若波罗蜜多心经》的文本，一般都是唐代玄奘法师的译本。其实，《心经》的译本在现存的佛经里面还有很多译本。玄奘之前还有一个译本，就是东晋时候的鸠摩罗什翻译的《摩诃般若波罗蜜大明咒经》，即《大明咒经》。在玄奘翻译了以后，现存的《心经》还有六个译本，其中五个译本是译成汉文的，有一个不是翻译成汉文的，而是把原来梵文的《心经》的音读给它做了一个汉字的注音。我们现在常常讲，从汉译的《般若波罗蜜多心经》来讲现存的有七个本子，也就是有鸠摩罗什的、唐三藏的以及之后的五个译本，还有一个梵文读音的本子。当然历史上的译本不止这些，我们讲的都是现在还可以看到的，虽相互之间有一点出入，但不是根本上的出入。现在流行的是这个本子，所以我们就介绍大家读这个。

《心经》在历史上也有大量的注释，据不完全统计现在还留存于世的《心经》注释的本子，不包括近代人讲的这些本子，至少有二百多种。这些都是我们在学习《心经》的时候可

以作为参考的。对于这样一个言简意
赅的经典，在理解上面是会有出入的，
因为人们从不同的视角去解读它，就
会存在一些解释上的差异性、理解上
的差异性。这些差异没有关系，可以
供我们来更全面地来了解《心经》的
思想。这部最简单的佛经，却包含了
极其丰富的内容。这部经是每一个佛
教徒必读的，也是寺院里面做早晚课
必念诵的一部经典。很多人通过读诵
这部经典使自己的心能够获得平静，
得到智慧上的启发。

结 语

智慧才是力量

我们学习佛教，不是仅仅学一点知识，而是要学会怎样去运用这些知识，要有智慧。我们现在一般人的认识都从识开始，识的特点就是有分辨，有了分辨以后我们才有了这样的知识、那样的知识，结果我们反而被知识拘束了。知识是一种静止的、很严肃的东西。

可是你怎么样去运用这些知识，有的时候是你自己的一种经验，一种领悟。去运用这些知识，这就是智慧。东方人强调智慧。近代西方人流行的一句话是："知识就是力量"，这个观点其实坑害了很多人。按照东方文化来讲，我们应该说"智慧才是力量"。智慧就是能够发现知识、掌握知识、运用知识。所以智慧本身和知识还不一样，从宗教的角度来讲还有一个精神性的问题，就是人心灵的一种需求，这个也是跟智慧相关的。知识增加了并不能让你的心灵得到安宁，要有了智慧才可以。

在中印哲学研讨会上，我曾主要讲了转识成智的问题。我们学了很多名词、概念等等，但章太炎有一句非常精辟的话："以分析名相始，以排遣名相终。"中观、唯识好像很对立，其实二者是相辅相成的。实相是什么？实相就是事物的本来面貌，或者也可以说是本质。所以，就不要被我相、人相、众生相蒙住了眼睛，所以要破相。中观的核心理论就是这样：破相显性。但是要做到这一点，根机比较低的人不太能够把握得住。他觉得我明明看到那么多相，那么多的现象，我怎么破啊？破不了。或者一想就是空，就是要把它空掉，那就是断灭空了。唯识学就补救这个，所以我们可以说唯识学是一种法相学。为什么叫唯识法相？法相就是指各种现象世界，各种名相，各种各样的事物，都是法相，所以实际上也可以说是一个。拿哲学的话来讲，刚才我用了"本质论"，这个就是"现象论"。从现象入手，最终要转识成智，所以转识成智是唯识的根本。智是什么？智就是对空性的认识、把握，它不是留一个八识在那里，八识要转成大圆净智。转识成了智，也就把握到实相了，把握到性空了。

一个是破相显性，一个是转识成智，所以这两者完全相通。学唯识中观，如果没有看到中观的本质是破相显性，唯识的根本核心是转识成智，那记住多少名相都没用。

附录

《般若波罗蜜多心经》

观自在菩萨，行深般若波罗蜜多时，照见五蕴皆空，度一切苦厄。

舍利子，色不异空，空不异色，色即是空，空即是色，受、想、行、识，亦复如是。

舍利子，是诸法空相，不生不灭，不垢不净，不增不减。

是故，空中无色，无受、想、行、识，无眼、耳、鼻、舌、身、意，无色、声、香、味、触、法，无眼界，乃至无意识界，无无明，亦无无明尽，乃至无老死，亦无老死尽，无苦集灭道，无智亦无得。

以无所得故，菩提萨埵，依般若波罗蜜多故，心无挂碍。无挂碍故，无有恐怖。远离颠倒梦想，究竟涅槃。三世诸佛，依般若波罗蜜多故，得阿耨多罗三藐三菩提。

故知般若波罗蜜多，是大神咒，是大明咒，是无上咒，是无等等咒，能除一切苦，真实不虚。

故说般若波罗蜜多咒，即说咒曰：揭谛，揭谛，波罗揭谛，波罗僧揭谛，菩提萨婆诃。

🏛 中華書局

| 初版责编 | 焦雅君 |